महिला परिधान

के

रिटेल

व्यापार

का भविष्य

भारतीय महिला परिधान के रिटेल व्यापार को लाभदायक बनाने वाली रणनीतियों का कदम दर कदम खुलासा करने वाली एक अनुपम गाइड

महिला परिधान के रिटेल व्यापार का भविष्य

भारतीय महिला परिधान के रिटेल व्यापार को लाभदायक बनाने वाली रणनीतियों का कदम दर कदम खुलासा करने वाली एक अनुपम गाइड

नवीन एन बानूड़ा

(परिधानों के रिटेल व्यापार के सैम वाल्टन)

Worldwide Publishing by
Pendown Press

PENDOWN PRESS

An ISO 9001 & ISO 14001 Certified Co.,

Regd. Office: 2525/193, 1st Floor, Onkar Nagar-A, Tri Nagar, Delhi-110035

Ph.: 09350849407, 09312235086

E-mail: info@pendownpress.com

Branch Office: 1A/2A, 20, Hari Sadan, Ansari Road, Daryaganj, New Delhi–110002

Ph.: 011-45794768

Website: PendownPress.com

First Edition: 2022

ISBN: 978-93-5554-142-0

Layout and Cover Designed by Pendown Graphics Team

English to Hindi Translation by Pendown Translation Team

Printed and Bound in India by Thomson Press India Ltd.

समर्पण

परिधानों की खुदरा बिक्री से एवं फैशन से
प्यार करने वाले मेरे सभी साथी व्यापारी,
यह पुस्तक आप सभी को समर्पित है।

विषय-सूची

प्रस्तावना

क्या आप जानते हैं कि अगले 5 या 10 वर्षों में भारत में महिलाओं के एथनिक परिधानों के खुदरा व्यापार का स्तर क्या होगा?

क्या आप मुनाफे के निरंतर कम होते जाने की स्थिति का सामना कर रहे हैं?

क्या आपका बिजनेस प्रगति नहीं कर पा रहा है?

क्या आप अपने बच्चों को अपने बिजनेस में नहीं ला पा रहे हैं?

परिचय-पत्र

अक्षर जी, आपकी ओर से मिली निरंतर सपोर्ट के लिए तथा दूसरों की मदद के उद्देश्य से अपने ज्ञान तथा कौशल को संग्रहीत कर इस पुस्तक का रूप देने हेतु प्रेरित करने के लिए आपका बहुत-बहुत धन्यवाद। मैं आपको हमेशा स्नेह करता रहूँगा।

कुछ मेरे बारे में

हेलो! मेरा नाम नवीन नागरमल बानूड़ा है और मैं भारत के राजस्थान राज्य के जयपुर का निवासी हूँ जो एक गुलाबी शहर के नाम से प्रसिद्ध है।

मेरा एक सपना है कि खुदरा परिधान विक्रेताओं का एक ऐसा सुंदर समुदाय बनाया जाए जहाँ सभी लोग अपना सफल बिजनेस कर रहे हों। मैं पिछले 20 वर्षों से इस उद्योग में हूँ। फिलहाल मैं एम एन फैशन्स का प्रबंध निर्देशक हूँ जो बिजनेस के मामले में भारतीय महिलाओं के परिधान के क्षेत्र में भारत का नंबर 1 ब्रांड है। पिछले 5 वर्षों से मैंने इस क्षेत्र के 5000 से ज्यादा खुदरा विक्रेताओं की मदद करके उन्हें 144 करोड़ रुपए का लाभ कमाने में मदद की है और 55 करोड़ से अधिक रुपए डेड स्टॉक होने से बचाए हैं।

मैं भारतीय महिला एथनिक परिधान के खुदरा व्यापार का एक रणनीति एक्सपर्ट, VFC फ्रेमवर्क का क्रिएटर तथा "आइकॉन ऑफ एथनिक गारमेंट इंडस्ट्री" का पुरस्कार विजेता भी हूँ।

आप आश्चर्य कर रहे होंगे कि फिर मैं यह पुस्तक लिखकर अपने ज्ञान और एक्सपर्टाइस को साझा करने का प्रयास क्यों कर रहा हूँ।

इसका उत्तर बड़ा सरल है। मैं यह इसलिए कर रहा हूँ क्योंकि मैं भी समाज को कुछ लौटाना चाहता हूँ। मैं अपनी टीम, ग्राहकों, खरीदारों, सप्लायर्स और एसोसिएट्स के प्रति धन्यवाद देता हूँ जिन्होंने मुझे निरंतर सपोर्ट किया, मेरा ध्यान रखा, मुझे सम्मान दिया और भारतीय महिलाओं

के एथनिक परिधान के उद्योग जगत में एक अच्छा नाम कमाने में मेरी मदद की। इसके साथ ही उन्होंने बड़े विश्वास के साथ मेरा नाम ओरों को रेफर करने में भी मेरी सहायता की।

मैं आपसे यह वादा करता हूँ कि अगर आप इस पुस्तक में बताई गई बातों का पालन करते हैं तो इससे आपके बिजनेस में बहुत बड़ा परिवर्तन आएगा और जो दस गुना तक बढ़ जाएगा। साथ ही इससे आपके जीवन में मजेदारी और खुशियों में वृद्धि होगी और आप एक ऐसा जीवन जी सकेंगे जिसका सपना आपने देखा था।

मेरा मिशन भारतीय महिलाओं के परिधान के इस उद्योग को सर्वाधिक लाभदायक और बड़ा बनाना है। इसके साथ ही मैं इस प्रक्रिया में कम से कम एक लाख खुदरा विक्रेताओं को अपग्रेड भी करना चाहता हूँ।

मैंने इक्कीस साल पहले जब महिलाओं के एथनिक परिधान के क्षेत्र में अपना कैरियर शुरू किया था तब मैं जोश से परिपूर्ण था और पाँच-छ साल तक एक अग्रणी थोक विक्रेता भी बना रहा लेकिन इसके बाद मैं बुरी तरह से असफल हो गया। इसके बाद मैंने अपनी गलतियों से सीखा और उम्मीद को नहीं छोड़ा क्योंकि मेरा विश्वास था कि कुछ अच्छा ही होने वाला है। मैंने एक योद्धा की तरह लड़ाई लड़ी और इस चुनौतीपूर्ण अवधि में डट कर खड़ा रहा।

काफी लंबी रिसर्च, अध्ययन, कई पुस्तकों के पठन, विभिन्न सेमिनार एवं वर्कशॉपों में भाग लेने, और बहुत सारी धनराशि, समय और परिश्रम लगाने के बाद मैंने खुदरा व्यापारियों के लिए एक रूपरेखा तैयार की।

अंत में मैंने यह निर्णय लिया कि जो सीख और अनुभव मुझे मिले हैं उनको मैं एक पुस्तक के रूप में संकलित कर दूँ ताकि

अन्य लोग भी इनका लाभ उठाकर अपनी मनपसंद की जिंदगी जी सके।

अगर आप इस उद्योग में हैं और नवीनतम परिवर्तनों को स्वीकार नहीं करते हैं तो आपको शत-प्रतिशत नुकसान होने वाला है और आपका रिवाइवल भी बड़ा मुश्किल होगा। इसी मुख्य कारण से परिधानों के बहुत सारे खुदरा बिजनेस बंद हो जाते हैं और कोई आश्चर्य की बात नहीं कि अगली पीढ़ी आपकी विरासत को आगे नहीं बढ़ा पाती।

अब थोड़ा गहराई में चलते हैं।

अब मैं आपको चुनौती देता हूँ कि आप उस अवसर को पहचानें जो आपके हाथ में है। सिर्फ इस पुस्तक को पढ़िए ही नहीं इस पर ध्यान भी दीजिए ताकि आप एक सफल खुदरा व्यापारी बन सकें। जरा कल्पना कीजिए कि आपके व्यवसाय जगत में आपको कैसा लगेगा अगर आपके संभावित ग्राहक आपको एक अथोरिटी के रूप में देखने लगे। हर व्यक्ति सर्वश्रेष्ठ वस्तु को ही खरीदना चाहता है और यह पुस्तक दुनिया में सर्वोत्तम बनने के रहस्य को प्रकट करने का एक बढ़िया तरीका है।

मुझ पर विश्वास करें, आप ऐसा कर सकते हैं।

एक योजनाबद्ध तरीके से बनाई गई खुदरा बिक्री की रणनीति आपके व्यवसाय के लिए चमत्कार कर सकती है चाहे आप खुदरा परिधान के किसी भी क्षेत्र से क्यों न जुड़े हों। बस शर्त यही है कि आप एक निर्विरोध और जोड़ने वाले तरीके से इसका पालन करें। मुझ पर विश्वास करें, मैं यह अपने अनुभव से बोल रहा हूँ।

मैं यह पुस्तक क्यों लिख रहा हूँ?

मेरी नजर उन भारतीय महिला एथनिक परिधान के खुदरा विक्रेताओं की सहायता करने एवं उनका इस प्रकार मार्गदर्शन करके उनके जीवन को समृद्ध बनाने में है ताकि वे खुश रहकर तथा टाइम की बचत करते हुए अपने जीवन को एन्जॉय कर सकें।

जब मैं खुदरा व्यापारियों को अटके हुए, अपने विकास के लिए संघर्ष करते हुए या असफल होते हुए देखता हूँ तो मेरे दिल को बहुत चोट पहुँचती है कि ये खुदरा व्यापारी अपने बिजनेस में आगे क्यों नहीं बढ़ पा रहे हैं। इसलिए मैं अधिकतम खुदरा व्यापारियों को सही रास्ते पर लाने के लिए मदद करना चाहता हूँ। मैं एक हजार से ज्यादा खुदरा व्यापारियों को ऐसी स्थितियों में पहले ही मदद कर चुका हूँ।

अब मैंने यह निर्णय लिया है कि मेरे ज्ञान और विशेषज्ञता का प्रसार ज्यादा से ज्यादा खुदरा व्यापारियों तक हो।

मैं इस बात में विश्वास करता हूँ कि "अपने ज्ञान को साझा करूँ ताकि किसी का फायदा हो सके" अगर आप ऐसा नहीं कर रहे हैं तो आपका औरों के प्रति व्यवहार अनुचित माना जाएगा।

इसीलिए मैं यह पुस्तक लिख रहा हूँ कि मेरे ज्ञान और विशेषज्ञता का प्रसार दूर-दूर तक हो सके।

इस पुस्तक में आपको क्या-क्या मिलेगा?

अगर आप इस पुस्तक में बताई गई रणनीतियों का अनुपालन करते हैं तो आपको बहुत बड़ी सफलता एवं लाभ मिलेंगे।

इस पुस्तक में आपको कुछ रोचक एवं सरल नुस्खे सीखने को मिलेंगे ताकि आपका बिजनेस आगे बढ़ता जाए और आपके ग्राहक आपसे खुश रहें।

1000 से ज्यादा खुदरा व्यापारियों के साथ इंटरैक्ट (interact) करने के बाद मैं उनके कष्टदायक बिंदुओं को समझ गया हूँ और मैंने उनके समाधान की एक रूपरेखा तैयार की है। यह रूपरेखा परिणाम देने वाली है और इससे 300+ खुदरा व्यापारी पहले ही लाभान्वित हो चुके हैं।

यह पुस्तक मेरी भारतीय महिला एथनिक परिधान बिजनेस की यात्रा के दौरान प्राप्त हुए अनुभवों का सार है जिसे मैंने 13 सुंदर पाठों के रूप में प्रस्तुत किया है।

जो कुछ इस पुस्तक में लिखा गया है उसे या उससे भी अधिक को आप में से कुछ लोग पहले से ही जानते होंगे। यह पुस्तक आपको उस ज्ञान को याद करने में मदद करेगी और आपके अंदर सहज तरीके से एक परिवर्तन लाने में सहायक होगी।

मुझे पूरा विश्वास है कि ये पाठ आपके खुदरा बिजनेस को सही रास्ते पर चलाने में सफल होंगे। तो आगे बिना विस्तार में जाए, चलिए इन 13 पाठों और टिप्स की खोज करते हैं।

आपका महिला परिधान खुदरा व्यापार रणनीतिकार मित्र

–नवीन एन बानूड़ा

आभार

सबसे पहले तो मैं अपने माता-पिता का धन्यवाद करना चाहूँगा जिन्होंने मुझे मेरे बचपन के दिनों में भरपूर प्यार दिया और मेरा पालन-पोषण इस प्रकार किया जिससे मैं आत्मविश्वास से भरपूर एक स्वतंत्र इंसान बन सका। मैं अपने उन सभी खरीदार ग्राहकों का भी विशेष धन्यवाद करना चाहूँगा जिनके सुझावों, फीडबैक और प्रोत्साहन ने मुझे एक ऐसी पुस्तक लिखने के लिए प्रेरित किया जो सबके लिए लाभदायक सिद्ध हो सकती है।

अध्याय 1

Disruption तो होने ही वाला है।

भारत में महिला परिधान की मार्केट का विस्तार 2025 तक 39 बिलियन डॉलर तक हो जाने का अनुमान है जो 2015 के मुकाबले एक उल्लेखनीय वृद्धि मानी जाएगी।

अगले दशक में महिला परिधान की मार्केट में इस वृद्धि के कारणों में महिला जनसंख्या का बढ़ना भी एक कारण है। इस क्षेत्र में भी मार्केट का सबसे बड़ा हिस्सा एथनिक परिधान का था। एक सर्वेक्षण के अनुसार त्योहार के अवसरों पर तथा विशेष आयोजनों के अवसर पर एथनिक परिधान की खरीद भारत में मुख्य कारणों में से एक है। (सांख्यिकी रिसर्च विभाग द्वारा प्रकाशित नवंबर-10, 2021)

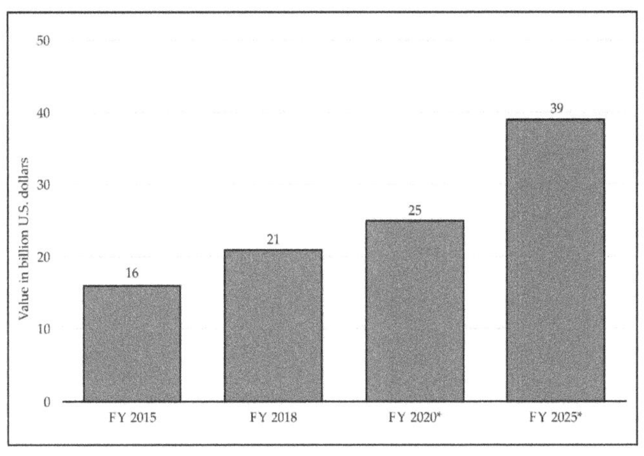

अब मार्केट की डिमांड बहुत तेजी से बदल रही है। महिलाओं की पहली पसंद तुरंत पहने जा सकने वाले परिधान बन गए हैं।

यह उद्योग एक विघटन (Disruption) के दौर में है। एक खुदरा व्यापारी के नाते आपको अपने आपको भविष्य के रेडिमेड परिधान के लिए अपग्रेड और अपस्केल करना है।

जिन लोगों ने इस इकोसिस्टम को पहले ही अपना लिया है उन्होंने मार्केट की दौड़ के साथ चलना भी शुरू कर दिया है। लेकिन जो अभी सोच रहे हैं मैं उनको सलाह देता हूँ कि वो भी शुरू कर दें। यही समय अपने आपको अपग्रेड करने का है। आप तुरंत अपनी रिटेल शॉप में रेडिमेड वस्त्र बेचना शुरू कर दीजिए।

अध्याय 2

ग्राहक बार-बार नहीं आ रहे हैं।

"लोग सामान और सेवाएं खरीदने नहीं आते, वे संबंध,
कथाएं और जादू खरीदने आते हैं।"

—सेठ गोडिन

आप अपने वर्तमान ग्राहकों के साथ भी एक आसान और प्रभावशाली तरीके से अपने बिजनेस का विस्तार तेजी से कर सकते हैं क्योंकि वो लोग आपको पहले से ही अच्छी तरह जानते हैं। आप इस स्थिति का लाभ इस प्रकार उठाइए कि आपके ग्राहक बार-बार अपने परिधान आपसे ही खरीदने के लिए आएं।

- आप ऐसा वातावरण बनाइए कि आपके ग्राहक आपके बारे में बात करें। आप उन्हें अपना ब्रांड का राजदूत बनाइए।

- ग्राहकों के साथ व्यवहार और लेन-देन में आपकी ईमानदारी सबसे अच्छी बात है। चाहे कोई ना भी देख रहा हो तब भी आप सही काम ही कीजिए।

- उनकी पसंद को जानकर उनके लिए अतिरिक्त मूल्य का निर्माण कीजिए।

- एक ब्रांड का निर्माण कीजिए और अपनी पूरी ताकत इसको प्रसिद्ध करने में लगा दीजिए।

- आपको उनका ध्यान रखना होगा और अपने इरादों को स्पष्ट करना होगा। ग्राहक की खुशी आपकी सबसे पहली प्राथमिकता होनी चाहिए।

- सबसे पहले संबंध बनाने पर ध्यान आकर्षित कीजिए। सही ग्राहकों को ही अपना लक्ष्य बनाइए। इसके लिए सबसे पहले सही ग्राहकों की पहचान कर लीजिए।

- एक मूल्य प्रक्रिया का निर्माण कीजिए। ग्राहक से जुड़ना ही सबसे जरूरी मंत्र है।

- ग्राहकों के आंकड़ों का एक आधार बनाइए। किसी भी नई शुरूआत के मौके पर उनका अभिवादन करना और सूचना-परक संदेश देना आपको उनसे जुड़े रहने में सहायक होगा।

- ग्राहकों से उनके विचार और फीडबैक भी प्राप्त कीजिए। बिक्री के बाद ग्राहक को फोन करके यह पूछिए कि क्या उस पोशाक को खरीदकर वह खुश हैं।

- भावनाओं के माध्यम से ग्राहकों के साथ जुड़ने का प्रयास कीजिए।

- आपके पास एक मजबूत आधार होना चाहिए जो ग्राहक के मन में एक विश्वास पैदा कर सके। जैसे कि एक साफ और ठीक तरह से मैनेज किया हुआ आउटलेट।

- ग्राहक के साथ हमेशा लचीला व्यवहार रखिए।

- ग्राहक के मन में एक विश्वास बनाने के लिए सभी के लिए एक निश्चित मूल्य नीति या सभी के लिए एक कीमत वाली नीति का पालन करें।

- अपने ग्राहकों के खरीदने के पैटर्न की पहचान करने और उसको समझने का प्रयास करें।

- अपने ग्राहकों के जन्मदिन और वर्षगाँठ पर उन्हें बधाई संदेश भेजें।

- मैं आपके साथ दिल्ली के एक रिटेल स्टोर के पैटर्न को साझा करना चाहता हूँ जो उन्होंने मेरी रणनीति के बाद प्रयोग करना शुरू किया।

जब भी किसी प्रसिद्ध बड़े स्कूल में अभिभावक-शिक्षक मीटिंग होती तो वह स्टोर अपने वर्तमान ग्राहकों (विशेषकर, स्कूल के बच्चों की माताओं) के साथ अपने यहाँ आए नए परिधानों के बारे में सूचना देता था जो कि अभिभावक-शिक्षक सभा के लिए ज्यादा उपयुक्त होते थे। परिणाम यह होता था कि उस स्टोर को अपने वर्तमान ग्राहकों से ही काफी अच्छी बिक्री मिल जाती थी।

अध्याय 3

ग्राहक खरीदारी नहीं कर रहे हैं।

* जब तक बहुत जरूरी ना हो लोग खरीददारी नहीं करते। हिक का नियम (या फिर हिक हाईमैन नियम) यह कहता है कि जितने ज्यादा उत्तेजना (Stimuli) या विकल्प प्रयोगताओं के सामने आते हैं उतनी ही ज्यादा देरी वह निर्णय लेने में लगाते हैं।

* आपका ग्राहक शुरू में तो एक विस्तृत वैरायटी के प्रति आकर्षित होता है लेकिन जब अधिक विकल्पों के बीच में से खरीद का निर्णय लेने का समय आता है तो उनके निर्णय की प्रक्रिया धीमी हो जाती है।

* इस मामले में अच्छा यह रहता है कि ग्राहक से विशेष विकल्प पूछ लिए जाएँ और उनको उनके मतलब के थोड़े से डिजाइन ही दिखाए जाएँ।

Hick's Law

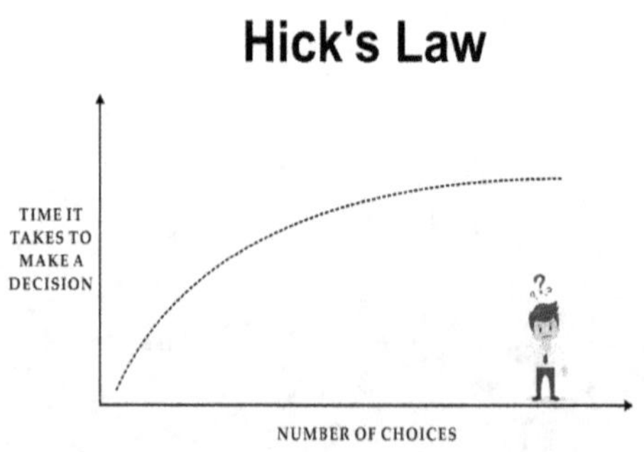

- ज्यादा डिजाइन दिखाने का मतलब यही होगा कि वो ग्राहक के ध्यान को भटका देंगे।

अब मैं आपके साथ एक ऐसा घटना को साझा करता हूँ जिसमें मेरा बंबई का एक खरीदार इस समस्या से जूझ रहा था। वहां एक जरूरी आवश्यकता होने के बावजूद भी कई बार ग्राहक खरीदारी नहीं कर रहे थे। या तो ग्राहक अंतिम निर्णय लेने में बहुत देर लगा रहे थे या दो या तीन बार उसी परिधान को देखने के बावजूद भी उसे खरीद नहीं रहे थे। जब उसने इस समस्या की मेरे साथ चर्चा की तो मैंने उसे ग्राहक की आवश्यकता के अनुसार ही उत्पाद को दिखाने की नीति पर चलने का सुझाव दिया। तब हमने सवालों की एक ऐसी रूपरेखा तैयार की जिसके माध्यम से ग्राहक की आवश्यकता का पता लगाया जाना था।

अब उसके शोरूम में इस नियम का पालन किया जाता है जिसके अंतर्गत वे किसी खास परिधान के बारे में उसके रंग, स्टाइल और ग्राहक के मन में उसकी कल्पना के बारे में सवाल पूछते हैं। इसके बाद स्टाफ उसको सिर्फ पाँच-आठ परिधान ही दिखाता है और 93 प्रतिशत ग्राहक उन दिखाए गए उत्पादों में से ही अपनी खरीद कर लेते हैं।

आप अपने स्टाफ को एक शालीन तरीके से ग्राहक की जरूरत को समझने का प्रशिक्षण दीजिए।

आप ग्राहक को कुछ बेचिए मत। ग्राहक द्वारा आपसे कुछ खरीदारी होने दीजिए।

अध्याय 4

ऑनलाइन विक्रेताओं के साथ कंपटीशन

आजकल मुझे ऐसे बहुत सारे खुदरा व्यापारी दिखाई पड़ते हैं जो ऑनलाइन विक्रेताओं से घबराए हुए हैं। आप कभी भी इस डर को अपने दिमाग पर हावी मत होने दीजिए। आप और आपका स्टोर इन ऑनलाइन विक्रेताओं से कहीं ज्यादा बेहतर है। ज्यादातर ऑनलाइन विक्रेता वो चीज नहीं बेचते जो वह दिखाते हैं।

आत्मविश्वास से परिपूर्ण और शांत रहिए तथा अपने लक्ष्य ग्राहकों पर ध्यान आकर्षित कीजिए। इसके साथ ही यदि ग्राहक आपके स्टोर में लगातार नहीं आ रहे हैं तो आप उन्हें पूर्वनिर्धारित वीडियोकॉल, व्हाट्सएप और संचार के अन्य तरीकों से उनसे संबंध बना सकते हैं।

आपके पास अनुभव की शक्ति है और आपके स्टॉक में उत्पाद उपलब्ध है। आप अपने ग्राहक को एक खुशी देने वाला तथा निजीकृत खरीदारी का अनुभव प्रदान कीजिए।

खरीद से पहले उसको पहनकर देखने और ट्राई लेने पर बल दीजिए। अपने स्टोर की छवि और ब्रांड की निष्ठा पर भी ध्यान दीजिए।

ये सारी बातें आपके ब्रांड और शोरूम को ऑनलाइन विक्रेताओं की तुलना में काफी दमदार बना देंगी।

अध्याय 5

नए ग्राहक नहीं आ रहे हैं।

वो दिन चले गए जब ग्राहक खुद चलकर खुदरा विक्रेता के स्टोर में आते थे। अब दृश्य पूरी तरह बदला हुआ है। अब आपको असल में अपने ग्राहकों को अप्रोच करना पड़ रहा है। इसके लिए आप ऐसी व्यवस्था कीजिए कि ग्राहक आपके ब्रांड और शोरूम के बारे में जान सके।

इसके लिए आप सोशल मीडिया पर अपने विज्ञापनों में, ब्लॉग्स पर तथा वेबसाइट पर संतुष्ट ग्राहकों के विचारों को और उनके टेस्टीमॉनियल्स को डाल सकते हैं।

टेस्टीमॉनियल एक ऐसे उपकरण होते हैं जो सीधे निशाने पर जाकर लगते हैं। किसी एक सोशल मीडिया, जैसे कि यूट्यूब अथवा टेलीग्राम चैनल को चुन लीजिए और सूचनात्मक विषय सामग्री और वीडियोज को समय-समय पर उसमें डालते रहिए ताकि ग्राहक सही उत्पाद को खरीद सकें।

अपने वर्तमान ग्राहकों से कहिए कि वे कुछ नए ग्राहकों को रेफर भी करें। इसके बड़े अच्छे परिणाम निकलते हैं।

समय-समय पर अपने क्षेत्र के स्थानीय आयोजनों और कार्यक्रमों को स्पॉन्सर कीजिए ताकि नए ग्राहक आपके स्टोर और आपके उत्पादों के बारे में जान सकें।

सोशल मीडिया पर अपने ब्रांड और उत्पाद का प्रचार करने के लिए प्रभावशाली व्यक्तियों की मदद लीजिए।

अध्याय 6

मुनाफा कम हो रहा है तो अपने डेड स्टॉक में फंसी गाढ़ी कमाई को बचाएं।

यह इस पुस्तक का सबसे महत्त्वपूर्ण और निर्णायक भाग है। इसे आसानी से याद करने के लिए कुछ प्रमुख बिंदु इस प्रकार हैं–

1. अपनी खरीदारी छोटे-छोटे हिस्सों में लेकिन ज्यादा बिलिंग चक्रों में करें ताकि आपको हमेशा नवीनतम स्टॉक मिलता रहे।

2. बहुत तेजी से बिकने वाले उत्पादों पर अपना ध्यान आकर्षित करें और आगे भी इन्हीं उत्पादों पर ध्यान बनाए रखें।

3. हमेशा कम मात्रा में खरीदें। कभी भी सप्लायर के इस दबाव में ना आएँ कि कम से कम इतनी राशि का तो खरीदना ही पड़ेगा या ऐसी ही कोई बात।

4. हमेशा B2B सप्लायर्स और ऐसे थोक विक्रेताओं से ही अपने सामान खरीदें जिनके पास चुने हुए कलेक्शन हो जिनमें से आप अपने लिए चुन सकें। तो इस तरह से आपको सर्वश्रेष्ठ परिधान मिल जाएंगे।

5. हमेशा ही ऑरिजिनल और अच्छी क्वालिटी वाले सामान पर ही ध्यान दें। और नकल किए गए उत्पादों से अपने आपको दूर रखें।

6. हर 15 दिन में ये समीक्षा करें कि किसी विशेष सप्लायर से कुल कितने परिधान खरीदे और उनमें से कितने बिके ताकि आपके सामने सभी सप्लायर की एक तस्वीर आ सके कि उसके उत्पादों का प्रदर्शन किस प्रकार रहा।

7. मासिक तौर पर अपने खर्चों का विश्लेषण एवं समीक्षा करें।

8. मुझ पर विश्वास करें कि केवल इस विश्लेषण से ही आप उस राशि का 20 प्रतिशत तक हिस्सा बचा पाएँगे जो आप खर्च कर रहे हैं।

9. सप्लायर्स से इनसाइट प्राप्त करने के लिए उनके संपर्क में रहें कि ज्यादा पैसा कैसे बचाया जाए।

अच्छी तरह से चलाई गई खुदरा सेवाओं, सुविधाओं, प्रोमोशन्स और क्वालिटी व्यापार के द्वारा अपनी खुदरा व्यापार की रणनीतियों में सुधार करके अपनी खुदरा बिक्री को बढ़ाएँ।

अध्याय 7

आप नहीं जानते कि ग्राहक कब और कैसे खरीदारी करेगा।

हमेशा ऐसे नंबर 1 व बड़े सप्लायर के साथ अपने आपको जोड़िए जिनका बुनियादी ढाँचा सर्वोत्तम हो, आधार मजबूत हो तथा उनकी टेक्नोलॉजी सिस्टम द्वारा परिचालित हो। ताकि आप समय-समय पर आने वाली मार्केट और फैशन के चलन की जानकारी प्राप्त कर सकें। यह बहुत महत्त्वपूर्ण है कि आप मार्केट के चलन के संपर्क में रहकर अपने आपको अपडेटिड बनाए रखें और पूरी सूचना आपके पास हो कि मार्केट में क्या हो रहा है। आपके पास ये जानकारी होना आवश्यक है कि परिधान का कौन सा स्टाइल फैशन में है या चलन में रहेगा। यही बात ग्राहक आपसे जानना चाहता है।

अभी हाल ही में किए गए शोध अध्ययनों से खरीदारी की विभिन्न आदतों का विवरण चित्र 1 में देखा जा सकता है। जैसे कि भारत में महिला एथ्निक परिधान के ग्राहक अन्य क्षेत्रों की अपेक्षा इस बात के लिए ज्यादा इच्छुक होते हैं कि किसी विशेष उद्देश्य के लिए कौन सा परिधान खरीदा जाए।

वास्तव में मैकेन्जी द्वारा हाल ही में किए गए एक अध्ययन से पता चलता है कि भारत की 38 प्रतिशत महिलाएँ किसी विशेष

आयोजन के लिए ही परिधान को खरीदती हैं जबकि यह प्रतिशत अन्य देशों ब्राजील (5 प्रतिशत), रूस (3 प्रतिशत), चीन (6 प्रतिशत) के मुकाबले यह बहुत ही अधिक है।

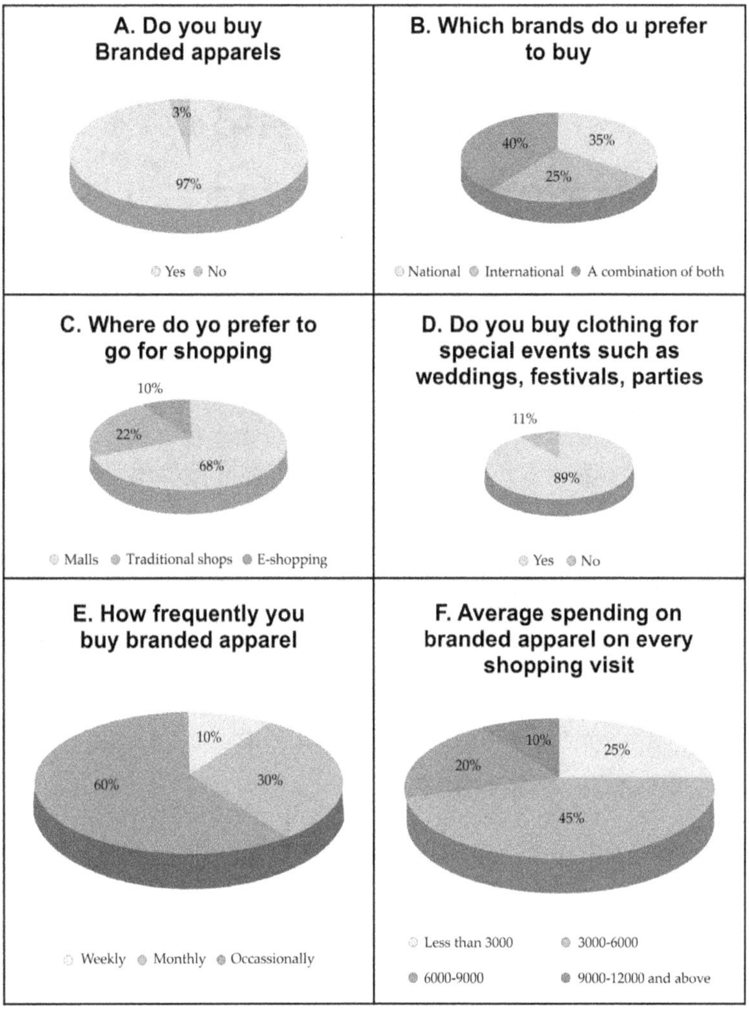

A. Do you buy Branded apparels 3% 97% ◎ Yes ● No	**B. Which brands do u prefer to buy** 40% 35% 25% ◎ National ◎ International ● A combination of both
C. Where do yo prefer to go for shopping 10% 22% 68% ◎ Malls ● Traditional shops ● E-shopping	**D. Do you buy clothing for special events such as weddings, festivals, parties** 11% 89% ◎ Yes ◎ No
E. How frequently you buy branded apparel 10% 60% 30% ◎ Weekly ● Monthly ◎ Occassionally	**F. Average spending on branded apparel on every shopping visit** 10% 25% 20% 45% ◎ Less than 3000 ◎ 3000-6000 ● 6000-9000 ● 9000-12000 and above

आपको सर्वश्रेष्ठ उत्पाद नहीं मिल रहे हैं।

हमेशा ही उद्योग जगत के सर्वश्रेष्ठ सप्लायर के साथ खुद को जोड़ें। एक अच्छा सप्लायर हमेशा आपको ये गाइड करेगा कि आपको किस स्टाइल पर ज्यादा फोकस करना है।

आपके कलैक्शन में बहुत जल्दी बिकने वाले डिजाइन का हिस्सा जरूर होना चाहिए।

ये उन चुम्बकों की तरह होते हैं जो ग्राहकों को आकर्षित करते हैं और उन्हें अन्य लोगों को रेफर करने के लिए भी मजबूर करते हैं।

इस बात को सुनिश्चित करें कि उस सप्लायर के खरीदारों की सूची में आपका नाम सबसे ऊपर है।

सप्लायर हमेशा ही अपने अच्छे ग्राहकों का ध्यान रखते हैं।

अपने आपको एक प्रीमियम खरीदार बनाएँ।

निर्धारित शर्तों के अनुरूप समय पर भुगतान करें इससे पहले कि ग्राहक द्वारा पैसे की माँग की जाए।

सप्लायर के साथ जुड़ें रहें और उसके संपर्क में रहें।

अपने सप्लायर्स के साथ फीडबैक प्राप्त करने, परामर्श देने और पूर्वानुमान को साझा करने में अपने कौशल का प्रदर्शन करें।

हमेशा छोटे-छोटे टुकड़ों में खरीदारी करें ताकि प्रवाह बना रहे और भुगतान का रूटीन भी बना रहे।

अपने सप्लायर्स के साथ अपनी उचित समस्याओं की चर्चा करें क्योंकि वे ही आपका सपोर्ट सिस्टम हैं।

मुझ पर विश्वास कीजिए आप तभी अपना विकास कर सकते हैं जब आप अपने सप्लायर के साथ हमेशा चलने वाला एक मजबूत संबंध बना लेते हैं।

एक बार जब आप अपने सप्लायर्स को सपोर्ट कर देते हैं तो वे भी आपके सामने अपना दिल खोल कर रख देंगे।

ऐसे सप्लायर्स के साथ अपने काम को जोड़ें जिनका विश्वास है कि *"ग्राहक ही भगवान है।"*

अध्याय 9

आपके कम्पटीटर आपके मार्केट शेयर को हड़प रहे हैं।

आपके दिमाग में एक मजबूत 'क्यों' वाला प्रश्न होना चाहिए। आप अपने 'क्यों' की खोज करें। (यहाँ इसका आशय यह है कि आप उस उद्देश्य की खोज करें कि यह बिजनेस आपने क्यों शुरू किया है)

अपने ग्राहकों को जोड़-तोड़ के तरीकों से या डर से अपना सामान/उत्पाद बेचना या खरीदना एक लघु अवधि की रणनीति तो हो सकती है लेकिन इसके परिणाम भी लघु अवधि वाले होते हैं।

"लोग ये इसलिए नहीं खरीदते कि आप क्या करते हैं, वो इसलिए खरीदते हैं कि आप ऐसा क्यों करते हैं"

एप्पल कंपनी की योग्यता इस बात को कमांड करने में है कि उन्होंने अपने नए-नवेले उत्पादों के लिए क्या के स्थान पर क्यों पर ध्यान दिया। आइपॉड मार्केट का पहला MP3 प्लेयर नहीं था। सिंगापुर आधारित क्रिएटिव टैक्नोलॉजी इसका पायनियर था।

हालाँकि बहुत जल्दी ही यह अपने क्षेत्र में तगड़ी कमाई करने वाला इस श्रेणी का लीडर बन गया। क्रिएटिव ने अपनी MP3 प्लेयर

को '5 जीबी कैपेसिटी' (क्या) को बेच दिया जबकि एप्पल ने अपना आइपॉड "आपकी जेब में सौ गाने हैं" (क्यों) को बेचना शुरू कर दिया।

एप्पल ने अपने आइपॉड को आइट्यून्स के साथ मिला दिया और प्रयोक्ताओं को यह अनुमति दे दी कि वे पूरी एलबम के स्थान पर केवल एक ट्रैक को भी डाउनलोड कर सकते हैं। इससे उनके ग्राहकों को खरीदने के और ज्यादा कारण मिल गए (क्यों)।

आप कंपटीशन की चिंता मत कीजिए असल में बाकी स्टोर तो आपकी मदद कर रहे हैं इसलिए आपका ग्राहक यह देखकर और तुलना करके उनकी बजाय आपसे ही खरीदेगा।

अपने उत्पादों को नवीनतम बनाए रखिए। ग्राहकों को वो दिखाइए जो वो चाहते हैं और उनकी इच्छाओं को संतुष्ट कीजिए। इससे आपका ग्राहक हमेशा आपके साथ बना रहेगा और अन्य ग्राहकों को भी रेफर करेगा।

अध्याय 10

पाँच ऐसी गलतियाँ जो खुदरा विक्रेताओं को नहीं करनी चाहिए।

1. **फीटिंग के मानदंडों पर ध्यान न देना**

   कभी भी खरीदे जाने वाले उत्पादों की फिटिंग की क्वालिटी को अनदेखा ना करें। इससे उनमें परिवर्तन करने पर खर्च होने वाले काफी ज्यादा समय से आप बच सकेंगे। पहले ही ट्रायल में फीटिंग के ठीक आ जाने का मतलब होता है ग्राहक की ज्यादा से ज्यादा खुशी। फिटिंग की क्वालिटी को बनाए रखने के लिए यूनिवर्सल स्टैंडर्ड फिट मार्गदर्शनों का अनुपालन करें।

2. **परिधानों में प्रयुक्त होने वाले वस्त्रों के श्रेणीकरण के ज्ञान की कमी**

   अपने सप्लायर से परिधानों के निर्माण में प्रयुक्त होने वाले वस्त्रों के स्टैंडर्ड/पैरामीटर की जानकारी भी विस्तार से प्राप्त करें।

3. **काफी दिनों के अंतराल के बाद बहुत बड़ी खरीदारी करना**

   प्राय: खुदरा विक्रेता एक गलती करते हैं कि वो यात्रा करने से बचने के लिए थोक में खरीदारी कर लेते हैं। इसके लिए

आप एक ऐसे सप्लायर की खोज करें जिसके पास ऐसी व्यवस्था हो कि वह कोई नई चीज प्रस्तुत करते समय आपको सूचित करे और आपकी सुविधा के अनुसार आपके द्वार पर उसको डिलीवर भी कर सकें।

4. घटिया स्तर के नकली आइटम्स को खरीदना

हमेशा ऑरिजिनल उत्पादों को ही खरीदें जिनकी सिलाई में सर्वश्रेष्ठ क्वालिटी के वस्त्रों का इस्तेमाल किया गया हो और कारीगरी के पैरामीटर्स भी उच्च स्तर के हों। इसके लिए आप प्रयोगशाला के प्रमाणीकरण का उपयोग कर सकते हैं। जैसे कि लीवा या निसैनकेन आपको गुणवत्ता की गारंटी देते हैं। ये आपके ग्राहक वर्ग पर एक प्रभाव डालते हैं और आपके ब्रांड में उसका विश्वास बनाते हैं।

5. कभी भी उनके ब्रांड के साथ फोटोशूट या वीडियो के लिए अनुरोध न करना

जहाँ तक संभव हो सके तो केवल मॉडल द्वारा शूट किए गए परिधानों के लिए ही अनुरोध करें ताकि आप अपनी बिक्री बढ़ाने के लिए उनका प्रयोग अपने ब्रांड लोगो चिन्ह के साथ सोशल मीडिया पर शेयर करते हुए अपनी बिक्री को बढ़ा सकें और शूटिंग में होने वाले खर्च को भी बचा सकें।

हमेशा उपर्युक्त बिंदुओं का ध्यान बनाए रखें ताकि आपका कलेक्शन सर्वश्रेष्ठ एवं अद्वितीय बन सके।

अध्याय 11

अपने डिजाइनों को जल्दी बिकने वाला कैसे बनाएं?

''अपनी समस्याओं की पहचान करें लेकिन अपनी ताकत और ऊर्जा उनके समाधान पर लगाएं।''

BRANDING IS EVERYTHING

उपर्युक्त चित्र को देखिए, किससे आप ब्रांडिंग की ताकत को जान पाएँगे। आपको यही करना है कि आप केवल इसी पर फोकस करें। अपने ब्रांड को इस प्रकार बनाएँ कि ग्राहक इसके बारे में चर्चा कर सकें।

अपने उत्पादों को फैशन उद्योग के चलन के साथ जोड़ने का प्रयास करें। अपने ग्राहकों को फैशन मैगजीन, ब्लॉग्स, छपे हुए आर्टिकल दिखाएँ ताकि ग्राहक खरीद के बारे में सही निर्णय ले सकें।

एक बड़े स्क्रीन पर मॉडल शूट विडियोज तथा चित्रों को दर्शाएँ जहाँ पर ग्राहक आपके डिजाइनों को आसानी से देख सकें। इससे आपके ग्राहक को जल्दी से खरीदने में सहायता मिलेगी। अपने उत्पादों को बायें से दायें की ओर प्रदर्शित करने के सिद्धांत का अनुपालन करें क्योंकि इंसान की आँखें बायें से दायें की ओर ही चलती है।

अपने उत्पादों के बारे में सोशल मीडिया प्लेटफॉर्म्स जैसे कि इंस्टाग्राम, फेसबुक एवं अन्य पर भरपूर प्रचार करें। आप हमेशा से ही यह जानते और विश्वास करते हैं कि **"जो दिखता है वही बिकता है"** इसका अर्थ है कि जो दिखाई देता है वही ज्यादा बिकता है। और इस प्रकार अपने ब्रांड का निर्माण करें।

अध्याय 12

क्या आपका स्टाफ आपका साथ नहीं दे रहा है?

- हमेशा अपनी टीम में जोश बनाए रखें। हमेशा सबके सामने उनकी तारीफ करें। अगर किसी बात के लिए उनको झाड़ भी लगानी हो तो ऐसा सबके सामने न करें।

- बेहतरी के लिए अपने स्टाफ के विचार भी जानें क्योंकि हरेक इंसान का दिमाग अलग ही होता है।

- काम का बँटवारा जबानी तौर पर करने के बजाय लिखित रूप से करने का प्रयास करें।

- वर्दी पहनना सभी कर्मचारियों के अनिवार्य होना चाहिए। रिसर्च से यह पता चला है कि इससे उनमें समानता, उत्तरदायित्व और सच्चाई की भावना का विकास होता है।

सही पहचान न दे पाना

- किसी अच्छे किए गए काम को न पहचानना भी एक तरह से किसी का अनादर करने जैसा ही होता है। इसलिए आप और आप की दुकान के लिए उनके द्वारा किए गए छोटे से छोटे उत्तम कार्य की सराहना की जानी चाहिए।

- दुकान पर हर रोज किसी तरह की प्रार्थना या फिर आशीर्वाद की याचना जैसे कार्य का आयोजन किया जाना चाहिए।

- अपनी टीम के सदस्यों के साथ भावनात्मक स्तर पर जुड़ें। रोजाना उनका लगभग 33% समय आप के विकास पर ही खर्च होता है।

आभार प्रदर्शन न करना

- किसी के प्रति धन्यवाद के शब्द बोलने में कोई पैसा खर्च नहीं होता और यह टीम के सदस्यों को प्रोत्साहित करने का काम करता है।

- अपने कार्यस्थल को इतना अच्छा स्थान बनाइए कि अधिक से अधिक स्टाफ के मन में आप के यहाँ काम करने की इच्छा पैदा हो।

- साल में एक या दो बार किसी खास दिन या त्योहार को अपनी टीम के साथ सेलीब्रेट करें। ऐसे किसी एक आयोजन में आप उनके परिवारों को भी आमंत्रित कर सकते हैं।

- कभी कभार, आपके सर्वश्रेष्ठ प्रयासों के बावजूद भी अगर कोई स्टाफ अपने परफॉर्मेंस में सुधार नहीं दिखा पा रहा तो उसे गुडबाई कहना ही ठीक रहेगा।

अध्याय 13

क्या आपके माइंडसेट, लक्ष्यों और विश्वास में तालमेल नहीं है?

"जहाँ फोकस रहेगा, वहाँ एनर्जी का प्रवाह भी होगा।"

बैंक बैलेंस के हिसाब से अमीर बनने से बहुत पहले ही आप अपने दिमाग में अमीर बन चुके होते हैं।

सारा खेल नजरिया का ही है। मैं इसके बारे में इसलिए लिख रहा हूँ क्योंकि आपकी विश्वास प्रक्रिया, लक्ष्य और नजरिया आपके जीवन को पूरी तरह से बदल देने वाले हैं।

अपने व्यावसायिक जीवन, निजी जीवन, पारिवारिक जीवन, अपनी बौद्धिक इच्छाओं के संबंध में अपने लक्ष्य निर्धारित कीजिए। समय-समय पर इन लक्ष्यों की समीक्षा कर उन्हें अपडेट करते रहिए और इन लक्ष्यों की प्राप्ति के लिए रणनीतिक योजना भी बनाइए।

विश्वासों का आपके जीवन पर बहुत गहरा प्रभाव पड़ने वाला है। क्या आप जानते हैं कि "विचार ही आगे चलकर असली चीजों का रूप ले लेते हैं।"

अभिव्यक्ति और प्रदर्शन से संबंधित फिल्में देखें।

टिप्स

मैं कुछ ऐसे टिप्स दे रहा हूँ जिनका मैं पालन कर रहा हूँ और आपके द्वारा भी इनका पालन किए जाने की सिफारिश करता हूँ।

नीचे मैं कुछ टिप्स प्रस्तुत कर रहा हूँ जिनका मैं स्वयं पालन कर रहा हूँ और मेरी सलाह है कि आप भी इनका पालन करने का प्रयास करें और फिर होने वाले फर्क को देखें।

1. अच्छी पुस्तकें पढ़ें। ये हमारी साइलेंट प्रेरक होती हैं।

2. अपने आप को स्वस्थ बनाए रखें। एक स्वस्थ शरीर में ही एक स्वस्थ नजरिए का होना संभव है।

3. अपना दैनिक, साप्ताहिक, मासिक और वार्षिक शेड्यूल बनाकर चलें।

4. अपने परिवार के साथ ज्यादा से ज्यादा समय व्यतीत करें। यह आपको चार्ज किए रखता है।

5. कभी कभार बीच में समय निकाल कर छुट्टियों का भी आनंद लें।

6. अपना लक्ष्य निर्धारित करें और उसकी स्पष्ट योजना बनाएँ। बिना योजना का कोई भी लक्ष्य एक इच्छा मात्र से ज्यादा कुछ भी नहीं है।

7. जो कुछ भी आपके पास है, उसके लिए आभारी रहें और ज्यादा प्राप्त करने के लिए आपको मेहनत ज्यादा करना होगा।

8. अपने नजरिए को हमेशा पॉजिटिव बनाए रखें।

9. एक समय पर एक से अधिक कामों को नहीं करें। एक समय पर केवल एक ही काम करें।

10. "हरेक समस्या एक गिफ्ट होती है-बिना समस्याओं के हमारा विकास नहीं हो सकता।"

11. अगर आप वह कार्य करते हैं, जो आप हमेशा करते रहे हैं, तो आपको वह सब मिलेगा, जो आपको मिलता रहा है।

12. अपने आप में तथा अपने बिजनेस में रोजाना 1% का सुधार लाएँ, और आप देखेंगे कि साल के अंत तक इन दोनों में 37 गुना की बेहतरीन हो जाएगी। छोटे-छोटे कदमों से ही बड़े परिणाम प्राप्त होते हैं।

13. एक विश्वसनीय रिटेल स्टोर बनने पर फोकस करें।

पुनरावृत्ति!

"Life is always happening for us, not to us".

–टोनी रोबिन्स

इस प्रकार पूरी पुस्तक की विषय-सामग्री आपके सामने है। सार रूप में यह भविष्य की रूपरेखा है और कहा जा सकता है कि महिलाओं के एथनिक परिधान का बिजनेस अपार संभावनाओं से भरा हुआ है। *"जरूरत है अपने आप को अपडेट करने की, तैयार करने की, आने वाला कल आज से बहुत बेहतर है।"*

इसके प्रभावी परिणाम प्राप्त करने के लिए एक समय में एक ही प्वाइंट को लागू करने का प्रयास करें और उसके बाद दूसरे प्वाइंट्स की ओर आगे बढ़ें।

विकल्प

सोचिए कि आप क्या करना चाहते हैं। अब आपके सामने दो विकल्प हैं। या तो यह सब आप खुद कर सकते हैं जिसमें आप सफल भी हो सकते हैं और नहीं भी हो सकते।

या

अगर आप थोड़े समय में ही निश्चित परिणाम प्राप्त करना चाहते हैं तो आप बिल्कुल अभी मेरे साथ एक मीटिंग निर्धारित कर सकते हैं। इसमें मैं आपको अपने बिजनेस को 10 गुना बढ़ाने और आपके बिजनेस स्टोर को पाँच महीने में सर्वश्रेष्ठ बनाने में मदद कर सकता हूँ।

आप मुझे सीधे ही nb@mnfashions.com पर लिख सकते हैं। इस बारे में आपकी सेवा करने के लिए मैं खुद समय निकालूँगा।

अगला कदम

1. Linkedin wwwlinkedin.com/in/naveenbanura पर मुझसे कनेक्ट करें।

2. अपने बिजनेस में वृद्धि करने के लिए M.N. Fashions पर अपना appointment तय करें। इसके लिए आप www.calendly.com/mnfashions/visitor का उपयोग कर सकते हैं।

www.ingramcontent.com/pod-product-compliance
Lightning Source LLC
LaVergne TN
LVHW010705200726
843507LV00011B/2025